Forschen, Bauen, Staunen von A bis Z

# T wie Technik

Warum gibt es so viele Maschinen? Ganz einfach: Sie machen uns das Leben leichter. Hier kannst du ausprobieren, warum das so ist. Und wenn du weißt, wie einfache Maschinen funktionieren, kannst du auch selbst welche erfinden!

Gut möglich, dass Erwachsene das Buch genauso spannend finden wie du. Sei großzügig und lass sie mitmachen! Es gibt sogar ein paar Dinge, bei denen du ihre Unterstützung brauchst.

Los geht's!

tinkerbrain*

# Was findest du → wo?

Dampfschiff → Seite 4

Wasserrad mit Seilzug → Seite 14

Eismaschine → Seite 24

Murmelkarussell → Seite 34

Knetball-Schleuder → Seite 44

Die wichtigsten Wörter mit T → Seite 54

# „Wie baut man aus diesen Dingen ein Dampfschiff?"

Aaron, 8 Jahre

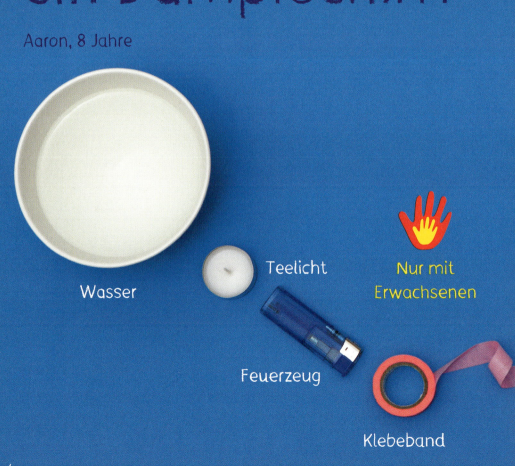

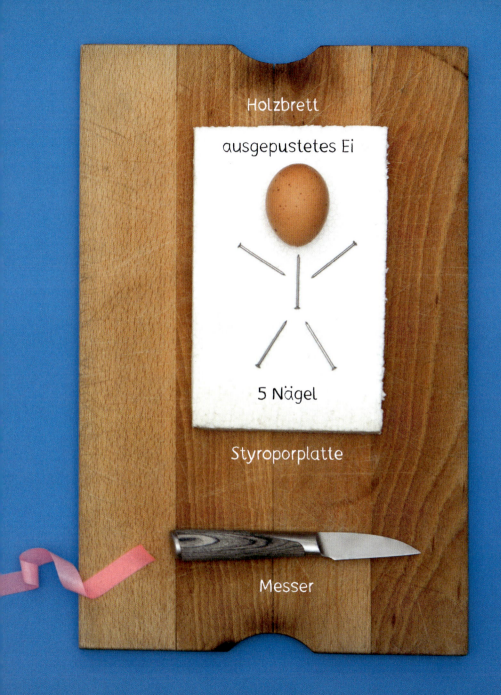

Gut zu wissen: Warum fährt das Dampfschiff?

Das kochende Wasser verdampft.

Dieses Loch muss mit einem Klebeband dicht verschlossen werden.

Die Kerze erhitzt das Wasser im Ei.

Der spitze Bug schneidet wie ein Keil durchs Wasser.

Der Wasserdampf wird aus dem hinteren Loch in der Schale gepresst. Dadurch entsteht eine Gegenkraft, die das Schiff nach vorne fahren lässt.

So geht's:

Bug

**1.** Schneide dein Boot in eine Form, die mit einem spitzen Bug leicht das Wasser zerteilen kann. Schnitze in die Mitte eine kleine Mulde für das Teelicht.

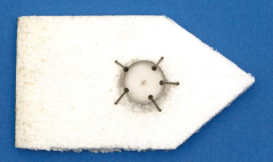

**2.** Setze das Teelicht in die Mulde. Dann stecke die Nägel rundum schräg in das Styropor. Wichtig ist, dass die Köpfe etwa zwei Zentimeter höher sind als der Rand des Teelichts.

← Wasserhahn

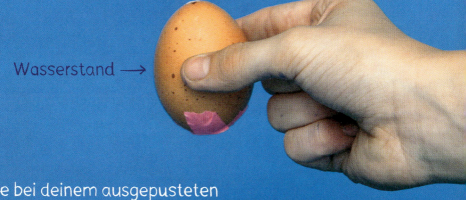
Wasserstand →

**3.** Klebe bei deinem ausgepusteten Ei ein Loch zu. Fülle es durch das obere Loch etwa zur Hälfte mit Wasser. Zünde das Teelicht an. Lege das Ei vorsichtig auf die Nägel. Dann kommt das Boot ins Wasser. Wenn das Wasser im Ei zu kochen beginnt, fährt das Boot los.

Technik verstehen: So funktioniert ein Keil

Ein Keil ist vorne ganz schmal und hinten breiter. Diese Form hilft, wenn man etwas spalten will, zum Beispiel Holz. Das macht man mit der Axt. Oder Gemüse kleinschneiden. Das macht man mit dem Messer. Auch dein Körper ist mit einigen Keilen ausgestattet: deinen Schneidezähnen.

Das brauchst du:
1 Apfel

So geht's:
Beiß erst mit den Schneidezähnen in den Apfel hinein. Versuch es dann mit den Backenzähnen. Merkst du einen Unterschied? Die Schneidezähne können es viel besser.

Wie viele Keile findest du bei dir zu Hause?

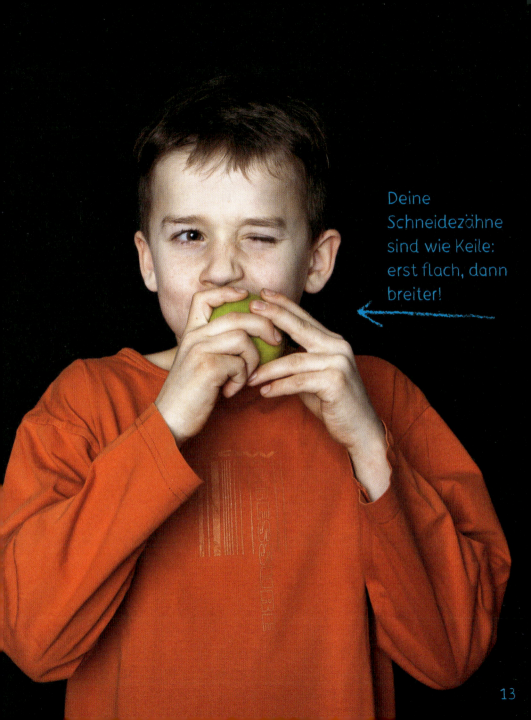

„Wie baut man aus diesen Dingen einen Seilzug?"

Mona, 10 Jahre

Knetkugel

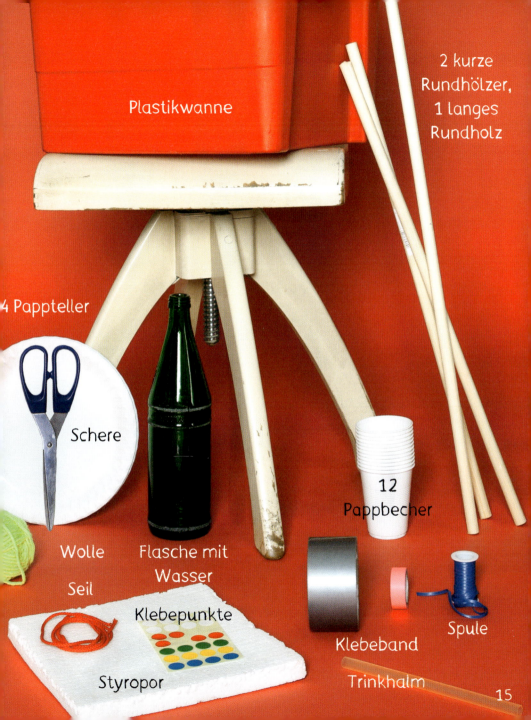

## Gut zu wissen: So arbeiten Wasserrad und Seilzug zusammen

Ein Seilzug wird zum Anheben von Gewichten benutzt. Er besteht aus einer Rolle, über die ein Seil läuft.

Wenn das Wasser von oben in die Becher fällt, sorgt es damit für die Kraft, die das Schaufelrad in Bewegung setzt.

Während sich das Rad dreht, wickelt es den Wollfaden auf.

Ein Trinkhalm steckt in der Mitte des Papptellers. Dieser Stab heißt Achse. Rad und Achse sind fest miteinander verbunden.

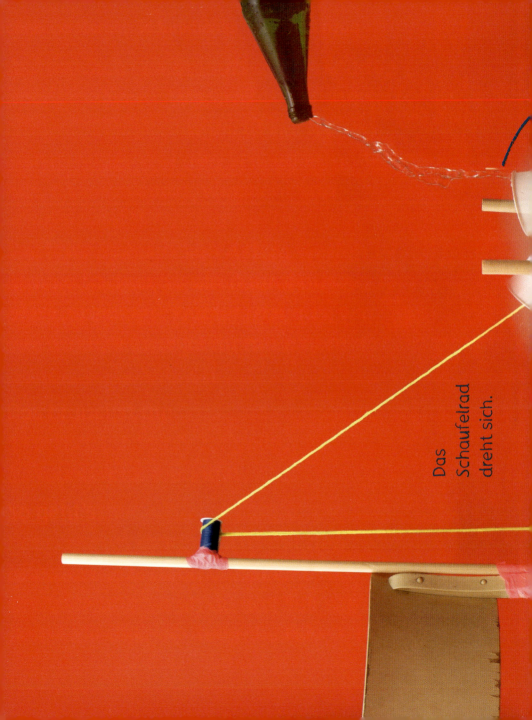
Das Schaufelrad dreht sich.

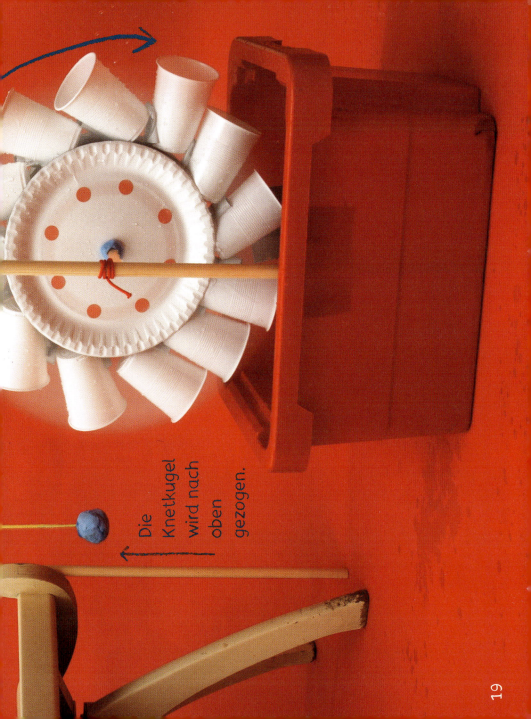

Die Knetkugel wird nach oben gezogen.

So geht's:

**1.** Zwei kleine Quadrate aus dem Styropor schneiden.

**2.** Beide mit dem breiten Klebeband zwischen die Teller kleben. Weil du zwei Räder brauchst, mit zwei weiteren Tellern wiederholen.

**3.** Pappbecher mit Röllchen aus Klebeband bei einem Rad zwischen die Tellerräder kleben.

**7.** Seile an den kurzen Rundhölzern festknoten. Hölzer in der Wanne festkleben. Klebepunkte auf die Räder kleben.

**8.** Langes Rundholz am Stuhl befestigen.

**9.** Spule oben am Rundholz festkleben.

**4.** In die Mitte des Schaufelrades ein Loch bohren. Trinkhalm durchschieben.

**5.** Das zweite Rad auch in der Mitte durchbohren. Ebenfalls auf den Trinkhalm stecken.

**6.** Räder mit Kleberöllchen aufeinanderkleben. Trinkhalm mit etwas Knete fixieren. Dünnes Seil durchziehen.

**10.** Wollfaden am zweiten Rad festkleben.

**11.** Wollfaden etwa drei Meter lang abschneiden und das Ende in den Knetball drücken.

**12.** Wollfaden über die Spule führen.

21

# Technik verstehen: So funktioniert ein Lastenzug

Auf der Seite zuvor läuft der Wollfaden über eine Spule. Warum? Weil man so schwere Dinge ganz leicht nach oben ziehen kann. Wer den Seilzug erfunden hat, ist unbekannt. Vielleicht kam irgendjemand mal auf die Idee, ein Seil über einen dicken Ast zu werfen, um die Sachen für ein Baumhaus nach oben zu ziehen? Probier mal aus, wie viel weniger Energie du mit einem Lastenzug benötigst!

## Das brauchst du:
1 Gewicht, 1 Seil, 1 Teigrolle,
1 Freund oder Freundin

## So geht's:
Hebe einmal das Gewicht mit den Händen hoch. Dann vergleiche die Anstrengung, wenn du das Seil wie auf dem Foto über die Teigrolle führst. Na?

# „Wie baut man mit diesen Dingen eine Eismaschine?"

Melina, 8 Jahre

120 g Salz

Espressobehälter mit Deckel

2 Zip-Tüten

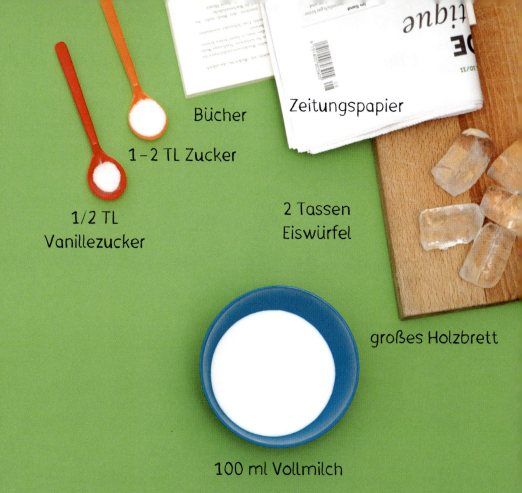

Bücher

1–2 TL Zucker

1/2 TL Vanillezucker

Zeitungspapier

2 Tassen Eiswürfel

großes Holzbrett

100 ml Vollmilch

Gut zu wissen: Eine schiefe Ebene erleichtert die Arbeit

Du kannst deine Eismaschine immer hin- und herrollen. Einfacher geht das mit einer schiefen Ebene. Da musst du sie nur immer wieder runterrollen lassen.

Eine geneigte Fläche wird schiefe Ebene genannt.

## Eis herstellen: Warum gefriert die Milch in der Tüte?

Um Eis zu machen, braucht man die Milch nicht in den Gefrierschrank zu stellen. Mit einem einfachen Trick mit Salz und Eiswürfeln klappt das auch. Das Salz schmilzt die Eiswürfel und entzieht ihnen dabei Kälte. Das heißt, auch wenn das Eis zu Wasser wird, ist dieses Wasser trotzdem kälter als Eis. Es wird bis zu minus 20 Grad Celsius kalt. Das ist kalt genug, um aus der Milch Milcheis zu machen.

So geht's:

**1.** Milch, Zucker und Vanillezucker in den Plastikbeutel füllen. Mit dem Reißverschluss so schließen, dass möglichst wenig Luft im Beutel ist.

**4.** Mit den Büchern und dem Holzbrett eine schiefe Ebene bauen. Die Dose 12 Minuten lang runterrollen lassen.

**2.** In den zweiten Beutel die Eiswürfel, das Salz und den ersten Beutel geben.

**3.** Beutel fest in Zeitungspapier einwickeln und in die Dose stecken. Dose mit dem Deckel verschließen.

**5.** Auspacken. Das Milcheis ist fertig!

## Technik verstehen: So funktioniert die schiefe Ebene

Schiefe Ebenen sind praktisch und werden oft genutzt. Zum Beispiel bei Rampen, über die sich Dinge einfacher rauf- oder runterbewegen lassen. Eine schiefe Ebene erleichtert die Arbeit, weil sie die Schwerkraft nutzt. Das ist die Anziehungskraft der Erde. Sie zieht das Gewicht, das sich auf der schiefen Ebene befindet, nach unten. Bau dir eine schiefe Ebene, um ein bisschen mehr darüber herauszufinden.

### Das brauchst du:

Bretter und Bücher, Pappe und Stuhl, Lineal und Stift, Kartoffelpüree beim Mittagessen – womit möchtest du es ausprobieren? Und wo findest du im Haus überall schiefe Ebenen? Meinst du, eine Treppe gehört auch dazu?

… "Wie baut man aus diesen Dingen ein Karussell?"

Leon, 8 Jahre

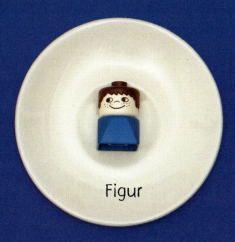

Figur

2 Untertassen

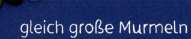

gleich große Murmeln

**Gut zu wissen:** Der Trick mit dem Dreh

Ein Kugellager ist dazu da, die Reibung zwischen zwei Dingen zu verringern. So kann man etwas mit wenig Kraftaufwand bewegen.

So geht's:

1. Was passiert, wenn man zwei Untertassen aufeinanderstellt und zu drehen versucht? Nicht viel! Die Reibung zwischen den beiden stumpfen Flächen ist zu groß!

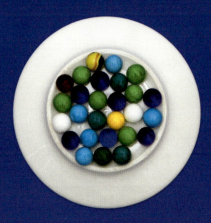

2. Lege dann die untere Untertasse voll mit Murmeln.

**3.** Setze die andere Untertasse oben drauf. Was passiert jetzt?

## Technik verstehen: Rollen erleichtern die Bewegung

Wenn du deine beiden Hände gegeneinanderreibst, spürst du, wie sie warm werden. Wo etwas warm wird, ist viel Energie im Spiel. Das heißt, viel Kraft. Wenn man etwas nach vorne schiebt, braucht man viel Kraft. Will man weniger Kraft einsetzen, braucht man Rollen. Denn auf Rollen verringert sich die Reibung.

### Das brauchst du:
30 Zahnstocher, 1 Hand

### So geht's:
1. Drücke zuerst deine Hand fest auf den Tisch und schiebe sie dann ein Stück nach vorn.

2. Mach den Vergleich: Lege die Zahnstocher nebeneinander auf den Tisch. Schiebe jetzt darauf deine Hand nach vorn.

Diesen Trick nutzten schon die alten Ägypter beim Bau der Pyramiden: Große Felsbrocken haben sie über Baumstämme gerollt.

„Wie baut man aus diesen Dingen eine Maschine, die möglichst viele Papprollen umwerfen kann?"

Lilli, 9 Jahre

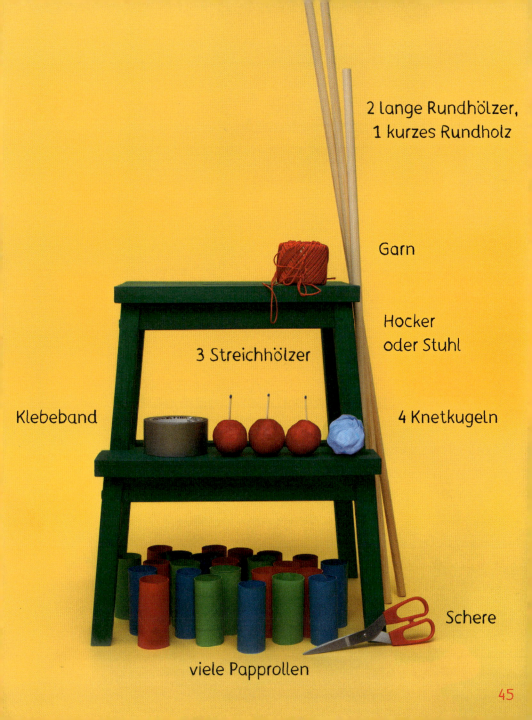

Gut zu wissen: Schwung sinnvoll nutzen

Das ist ein sogenanntes Fadenpendel. Dieses einfache Pendel schwingt hin und her, wenn man es erst einmal in Schwung gebracht hat.

4. Befestige mit der Knete ein Gewicht am kurzen Ende.

5. Die Papprollen stapelst du zu einer möglichst hohen Pyramide.

6. Knote ein Streichholz an einen Faden. Beides zusammen drückst du in die Knete. Dann hängst du den Ball am Rundholz auf. Zweimal wiederholen.

## Technik verstehen: selber ein Pendel werden

Richtiges Pendeln muss man üben.

### Das brauchst du:
2 Freunde oder Freundinnen, Vertrauen

### So geht's:
Stehe kerzengerade und spanne deine Muskeln an.

Deine beiden Fänger stehen vor und hinter dir, jeweils 30 cm von dir entfernt. Sie winkeln die Arme an und drehen die Handflächen zu dir, um dich auffangen zu können.

Wichtig: Bevor du dich fallen lässt, sagst du: „Los!". Lass dich zuerst nach hinten kippen. Dein Fänger gibt dir Schwung, damit du nach vorn kippst. Und so pendelst du hin und her. Wenn es gut klappt, könnt ihr den Abstand ein bisschen vergrößern.

# Techniker brauchen Wörter mit T

Technik fängt mit T an – genau wie die Wörter auf den Zetteln. Dort stehen alle T-Wörter aus dem Grundwortschatz 500. Das sind Wörter, die du häufiger brauchst als andere. Es ist praktisch, sie genau zu kennen! Hast du sie einmal gelernt, wird dir vieles leichtfallen: Lesen, Schreiben und Forschen zum Beispiel.

Alle 500 Wörter findest du in der Wörterfresser-App. Dort kannst du den hungrigen Wörterfresser mit diesen Wörtern füttern. Gleichzeitig landen sie in deinem Kopf – und bleiben da! Hier kannst du die App runterladen:
→ www.beltz.de/woerterfresser
Das Passwort heißt: Wörterfresser

www.beltz.de
© 2014 Beltz & Gelberg
in der Verlagsgruppe Beltz · Weinheim Basel
Alle Rechte vorbehalten. Neue Rechtschreibung

tinkerbrain sind
Anke M. Leitzgen und Gesine Grotrian
www.tinkerbrain.de
Idee, Konzept und Text: Anke M. Leitzgen
Gestaltung: Gesine Grotrian
Fotografie: Petra Stockhausen und Anke M. Leitzgen
Mitarbeit: Anne Lachmuth
Reinzeichnung: Tine Breuer
Redaktion: Beatrice Wallis

Gesamtherstellung:
Beltz Bad Langensalza GmbH, Bad Langensalza
Printed in Germany
ISBN 978-3-407-75388-5
1 2 3 4 5    18 17 16 15 14